Documentos de la democracia de Estados Unidos

LA DECLARACIÓN DE INDEPENDENCIA

Sarah Machajewski
Traducido por Esther Sarfatti

PowerKiDS press.

Nueva York

Published in 2017 by The Rosen Publishing Group, Inc.
29 East 21st Street, New York, NY 10010

Translator: Esther Sarfatti
Editorial Director, Spanish: Nathalie Beullens-Maoui
Editor, English: Katie Kawa
Book Design: Tanya Dellaccio

Photo Credits: Cover (painting) https://commons.wikimedia.org/wiki/File:Declaration_independence.jpg; Cover (document, p.25 https://commons.wikimedia.org/wiki/File:United_States_Declaration_of_Independence.jpg; p. 5 Jurgen Vogt/Getty Images; p. 5 (Thomas Jefferson) https://commons.wikimedia.org/wiki/File:Official_Presidential_portrait_of_Thomas_Jefferson_(by_Rembrandt_Peale,_1800).jpg; p. 7 https://commons.wikimedia.org/wiki/File:Gilbert_Stuart_Williamstown_Portrait_of_George_Washington.jpg; pp. 9 (both),15 (document), 23 (document) Courtesy of Libary of Congress; p. 11 https://commons.wikimedia.org/wiki/File:Flickr_-_USCapitol_-_The_First_Continental_Congress,_1774.jpg; p. 13 https://commons.wikimedia.org/wiki/File:Congress_voting_independence.jpg; p. 13 (Lee Resolution_ https://commons.wikimedia.org/wiki/File:Lee_Resolution.jpg ;p. 15 (painting) https://commons.wikimedia.org/wiki/File:Writing_the_Declaration_of_Independence_1776_cph.3g09904.jpg; p. 17 John Parrot/Stocktrek Images/Getty Images; p. 19 (top) Blend Images - KidStock/Shutterstock.com; p. 19 (bottom) Sanchai Kumar/Shutterstock.com; p. 21 https://commons.wikimedia.org/wiki/File:Allan_Ramsay_-_King_George_III_in_coronation_robes_-_Google_Art_Project.jpg; p. 23 (painting) https://commons.wikimedia.org/wiki/File:Sprit_of_%2776.2.jpeg; p. 25 (background) James Whelan/Shutterstock.com; p. 27 Kean Collection/Getty Images; p. 28 Everett Historical/Shutterstock.com; p. 29 -/AFP/Getty Images.

Cataloging-in-Publication Data

Names: Machajewski, Sarah, author.
Title: La Declaración de Independencia / Sarah Machajewski, translated by Esther Sarfatti.
Description: New York : PowerKids Press, 2016. | Series: Documentos de la democracia de Estados Unidos | Includes index.
Identifiers: ISBN 9781508151630 (pbk.) | ISBN 9781508151647 (library bound) | ISBN 9781508151685 (6 pack)
Subjects: LCSH: United States. Declaration of Independence–Juvenile literature. | United States–Politics and government–1775-1783–Juvenile literature.
Classification: LCC KF4506 .M33 2016 | DDC 973.3/13-dc23

Manufactured in the United States of America

CPSIA Compliance Information: Batch #BS16PK: For Further Information contact Rosen Publishing, New York, New York at 1-800-237-9932

CONTENIDO

IDEALES DEL PUEBLO NORTEAMERICANO

"La vida, la libertad y la búsqueda de la felicidad" es una frase muy significativa para todos los estadounidenses. Para muchos, simboliza los derechos que les brinda el ser ciudadanos de Estados Unidos. Para otros, es una declaración de los principios bajo los cuales se creó nuestro gobierno. Comoquiera que la interpretemos, una cosa es cierta: dio forma al modo de vida en Estados Unidos desde que se escribió en 1776.

Esta frase es parte de uno de los párrafos más memorables de la Declaración de Independencia. **Redactada** en tan solo un mes durante la guerra de Independencia de Estados Unidos, este documento anunció al mundo que los residentes de las colonias americanas ya no eran súbditos del rey de Gran Bretaña, sino ciudadanos de estados libres con el poder de declarar su propia independencia.

En los Archivos Nacionales de Washington D.C., se puede ver el original de la Declaración de Independencia. El documento está expuesto al lado de la Constitución y la Carta de Derechos. Juntos, estos tres documentos se conocen como los "estatutos de libertad".

THOMAS JEFFERSON

Thomas Jefferson es la persona que más frecuentemente asociamos a la Declaración de Independencia. A sus 33 años, redactó la mayor parte de uno de los documentos más importantes de la historia de Estados Unidos. Pero no se destacó solamente por esto; fue el primer secretario de estado bajo George Washington, vicepresidente bajo John Adams y el tercer presidente de Estados Unidos. Las ideas que Jefferson escribió en la Declaración de Independencia han dado forma al gobierno de Estados Unidos desde que se estableció.

EL CAMINO HACIA LA GUERRA

Gran Bretaña estableció su primera colonia norteamericana permanente en Jamestown, Virginia, en 1607. En el año 1733, ya había 13 colonias británicas permanentes en Norteamérica. Se extendían desde una parte de Massachusetts en el norte hasta Georgia en el sur. Los que vivían en las colonias norteamericanas eran súbditos de Gran Bretaña. Los colonos tenían que acatar las decisiones y las leyes que el rey y el **Parlamento** les imponían, aunque su gobierno estuviera a miles de millas de distancia.

Entre 1754 y 1763, Gran Bretaña y los nativos americanos que se le habían aliado, lucharon contra Francia y sus **aliados** nativos americanos en un conflicto que hoy se conoce como la guerra franco-india. Las consecuencias de esa guerra hicieron que muchos colonos se sintieran descontentos con la forma en que Gran Bretaña los trataba.

George Washington, que se muestra aquí, adquirió experiencia como líder militar durante la guerra franco-india. Se convirtió en una de las figuras centrales de la lucha por la independencia y eventualmente llegó a ser el primer presidente de Estados Unidos.

MALESTAR CRECIENTE

Gran Bretaña ganó la guerra franco-india, pero a un alto costo. El gobierno británico decidió que los colonos debían ayudar a pagar los gastos de la guerra y también el costo de mantener a las tropas británicas que protegían las colonias. Para buscar una fuente de nuevos ingresos, el Parlamento comenzó a cobrar impuestos sobre muchos productos, entre ellos los timbres de correo, el azúcar y el té, sin el consentimiento de los colonos. Además, Gran Bretaña intentó impedir que los colonos se fueran a vivir al oeste, a las tierras que habían adquirido después de la guerra.

LA LEY DEL TIMBRE

*Una de las decisiones más **polémicas** del Parlamento fue la Ley del Timbre de 1765. Con esta ley se cobraban impuestos sobre todo tipo de papel impreso en las colonias, y se limitaba el derecho de los colonos a un juicio por jurado si se les acusaba de quebrantar la ley. Muchos colonos se oponían totalmente a la Ley del Timbre. Hubo protestas violentas y los recaudadores de impuestos abandonaron sus puestos de trabajo por miedo. En 1765, un grupo de representantes de las colonias se reunieron en lo que actualmente se conoce como el Congreso de la Ley del Timbre, para redactar una **petición** al rey. Conocida como la "Declaración de Derechos y Agravios", enumeraba 13 razones por las cuales la ley violaba los derechos de los colonos. En 1766, el Parlamento derogó, o anuló, la Ley del Timbre, pero el malestar en las colonias aumentó.*

Esta viñeta política de la época colonial muestra el funeral de la Ley del Timbre. Las viñetas políticas eran una forma en que los colonos expresaban su descontento.

Estas medidas por parte del gobierno británico, consiguieron enojar a muchos colonos. Pensaban que los líderes británicos estaban **violando** sus derechos como ciudadanos. Les molestaba que el gobierno tomara decisiones sin contar con ellos. Los líderes de las colonias argumentaban que los impuestos eran ilegales porque ellos no tenían una representación adecuada en el Parlamento. Pronto los colonos comenzaron a expresar su descontento. Hubo muchas protestas, las cuales a veces se volvían violentas, y la relación entre Gran Bretaña y sus colonias empeoró.

COMIENZA LA GUERRA

Al principio de la década de 1770, el número de colonos que estaba en contra del mandato británico había aumentado. En 1774, el Parlamento pasó las Leyes Punitivas, a las cuales algunos colonos llamaron las "leyes intolerables", para reforzar el control británico sobre las colonias. Estas leyes imponían un bloqueo al puerto de Boston, obligaban a los colonos a alojar a soldados británicos en sus casas e imponían otras leyes duras a las colonias.

En septiembre de 1774, representantes de 12 de las 13 colonias se reunieron para ver cómo podrían resolver los problemas con Gran Bretaña. Esta reunión se llegó a conocer como el Primer Congreso Continental. En esta reunión, los representantes escribieron peticiones y cartas al rey de Gran Bretaña, pero pronto quedó claro que el rey no tenía intención de contestarlas. En abril de 1775, sonaron los primeros disparos en Lexington y Concord en Massachusetts. ¡Había dado comienzo la guerra que eventualmente llevaría a la independencia de Estados Unidos!

UNA FUENTE DE INSPIRACIÓN

La Declaración y Resoluciones del Primer Congreso Continental se redactó para explicar el punto de vista de los colonos después de que fueron aprobadas las leyes intolerables. Este documento, también conocido como la Declaración de los Derechos de las Colonias, sigue el modelo de la petición que ayudó a poner fin a la Ley del Timbre unos diez años antes. En ambos documentos, los autores exponen las razones por las cuales escriben, presentan sus preocupaciones y declaran lo que quieren o lo que piensan hacer. Hay muchas semejanzas entre estos documentos y la Declaración de Independencia.

Aquí se muestra la reunión del Primer Congreso Continental. Esta pintura puede verse en el Capitolio de Estados Unidos en Washington, D.C.

UN LLAMAMIENTO A LA INDEPENDENCIA

En un principio, la mayoría de los colonos no pensaban en la independencia como única opción. Ellos querían simplemente disfrutar de los derechos que les correspondían como súbditos del Imperio Británico.

Este punto de vista cambió con el paso del tiempo y según se intensificó la lucha. Además, la opinión de muchos colonos cambió al leer un **folleto** titulado *Sentido común*, escrito por Thomas Paine. Según este popular folleto, la independencia era el único camino lógico para el futuro de las colonias americanas.

El 7 de junio de 1776, el Segundo Congreso Continental tomó el primer paso hacia la independencia. Aquel día, Richard Henry Lee de Virginia leyó una resolución ante los demás **delegados**. Esta resolución, dividida en tres partes, recomendaba que se **redactara** un plan para que las colonias se unieran como **confederación**, un plan para formar alianzas con países extranjeros y una declaración de independencia.

El Segundo Congreso Continental no sometió a votación enseguida la Resolución de Lee (que se muestra aquí). Los delegados hicieron planes para volver a reunirse el 1 de julio. Mientras tanto, en el Congreso se formaron comités para discutir y valorar cada una de las partes de la Resolución de Lee.

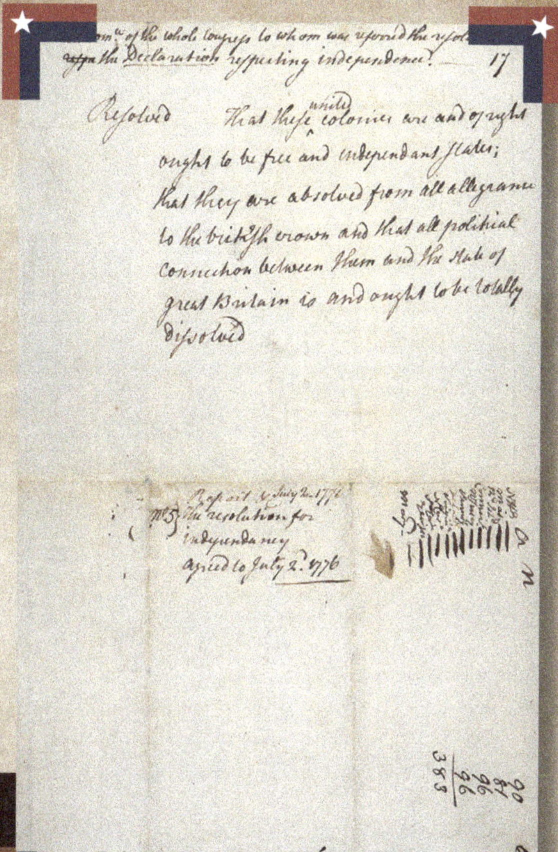

Comm.ee of the whole Congress to whom was referred the resol… upon the Declaration respecting independence. 17

Resolved That these united colonies are and of right ought to be free and independant states; that they are absolved from all allegiance to the british crown and that all political connection between them and the state of great Britain is and ought to be totally dissolved

Report of July 2. 1776
the resolution for independancy
agreed to July 2d. 1776

LA RESOLUCIÓN DE LEE

ASÍ SE ESCRIBE LA HISTORIA

Cinco hombres fueron elegidos para estudiar la parte de la Resolución de Lee que requería una declaración de independencia. Esos hombres fueron Thomas Jefferson, Benjamin Franklin, John Adams, Robert Livingston y Roger Sherman. Como parte de su trabajo, tenían que redactar un documento que explicara por qué las colonias querían liberarse del mandato británico.

Aunque todos los miembros del comité expresaron sus ideas, eligieron a Jefferson para que redactara el primer **borrador**. Entre el 11 y el 28 de junio de 1776, Jefferson escribió uno de los documentos más importantes de la historia de Estados Unidos.

Jefferson mostró los primeros borradores de su escrito a Franklin y a Adams, quienes lo ayudaron a perfeccionarlo. Después, el comité presentó el escrito ante el Segundo Congreso Continental. A continuación, los delegados tuvieron la oportunidad de **revisarlo**. Finalmente, el 4 de julio, el Congreso aprobó la Declaración de Independencia.

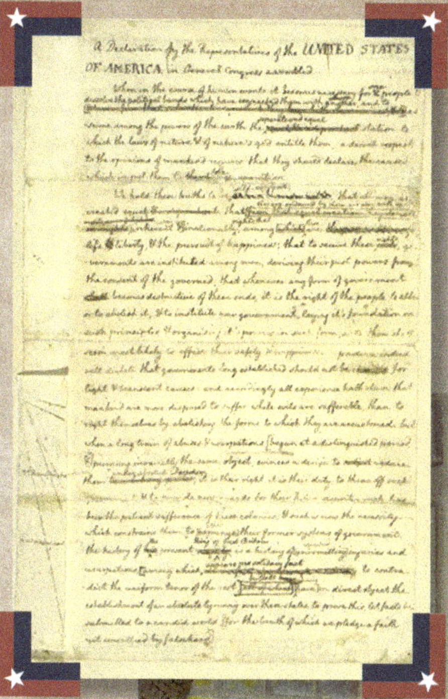

A Declaration by the Representatives of the UNITED STATES OF AMERICA, in General Congress assembled

Aquí se muestra uno de los primeros borradores que hizo Jefferson de la Declaración de Independencia. Se ve claramente dónde él y los demás miembros del Congreso hicieron cambios y tacharon palabras y frases.

LA INTRODUCCIÓN

Algunos historiadores dividen la Declaración de Independencia en cinco partes. La primera parte es la introducción. Es corta, ya que solo tiene una oración. Sin embargo, la oración en sí es larga y significativa.

La introducción explica los motivos por los cuales se redactó el documento. Le explica al lector que es parte de la ley de Dios y de "las leyes de la naturaleza" que un pueblo quiera ser libre. El pueblo debe declarar las razones por las cuales quiere ser libre del dominio de otro país. Ese es el propósito del documento.

Esta introducción es de gran impacto porque realza la importancia de la causa de los colonos. Coloca la lucha por la independencia de Estados Unidos dentro de "el curso de los acontecimientos humanos". No es solo un conflicto entre las colonias y Gran Bretaña, sino un momento histórico de gran significado para todo el mundo.

Los historiadores han señalado que el lenguaje que se utilizó en la introducción marca el tono de la Declaración de Independencia. No pide al lector que se una a la causa de los colonos. Simplemente declara que la independencia es "necesaria".

"Cuando en el curso de los acontecimientos humanos se hace necesario que un pueblo disuelva los vínculos políticos que lo ligan a otro y tome entre las naciones de la Tierra el puesto separado e igual a que las leyes de la naturaleza y el Dios de esa naturaleza le dan derecho, un justo respeto al juicio de la humanidad exige que declare las causas que lo impulsan a la separación".

EL PREÁMBULO

La segunda parte de la Declaración de Independencia se conoce como el **preámbulo**. En esta sección, los autores exponen una filosofía general de cómo un gobierno debe servir a su pueblo. El texto no se refiere al gobierno británico, a los gobiernos de las colonias, ni al conflicto entre ellos. Por el contrario, relaciona el anhelo de independencia con lo que los autores consideran principios universales.

El preámbulo declara que "todos los hombres son creados iguales" y que los hombres tienen derechos que Dios les ha dado y que nadie les puede quitar: "la vida, la libertad y la búsqueda de la felicidad". A continuación, dice que la gente instituye gobiernos para proteger estos derechos y que un gobierno solo podrá tener poder si la gente está de acuerdo con él. Finalmente, concluye que si un gobierno viola estos derechos y abusa de su poder, el pueblo tiene derecho a hacer una revolución.

El preámbulo de la Declaración de Independencia contiene algunas de las palabras más famosas de la historia de Estados Unidos. Esta filosofía de gobierno tiene igual importancia para la gente hoy como lo tuvo cuando se escribió.

"Sostenemos como evidentes estas verdades: que todos los hombres son creados iguales; que son dotados por su Creador de ciertos derechos inalienables; que entre estos están la vida, la libertad y la búsqueda de la felicidad; que para garantizar estos derechos se instituyen entre los hombres los gobiernos, que derivan sus poderes legítimos del consentimiento de los gobernados".

REPRESALIA CONTRA EL REY

La Declaración de Independencia no menciona directamente el conflicto entre las colonias norteamericanas y el rey de Gran Bretaña hasta pasadas las primeras 273 palabras. Llegado a ese punto del documento, que se considera la primera parte de su cuerpo principal, los autores detallan 27 cosas que el rey ha hecho mal. Los autores presentan estos errores como una lista de hechos.

Esta descripción de la “larga serie de agravios” por parte del rey es el fragmento más extenso de la Declaración de Independencia. Los autores acusan al rey de cobrar impuestos a los colonos sin su consentimiento, de interrumpir el comercio, de quitarles el derecho al juicio por jurado, de manipular los gobiernos de las colonias,y de destruir las vidas de las personas.

Al final de la lista, los autores afirman que sus peticiones han sido ignoradas. Esto, según ellos, es un acto propio de un tirano.

El rey Jorge III gobernó Gran Bretaña antes, durante y después de la Guerra de Independencia de Estados Unidos. Gran parte del pueblo norteamericano, entre ellos los autores de la Declaración de Independencia, consideraban que no era “digno de ser el mandatario de un pueblo libre”.

"En cada etapa de estas opresiones, hemos pedido justicia en los términos más humildes: nuestras repetidas peticiones se han contestado solamente con repetidos agravios. Un príncipe, cuyo carácter está así señalado con cada uno de los actos que pueden definir a un tirano, no es digno de ser el gobernante de un pueblo libre".

EN CONCLUSIÓN

Después de la lista de los agravios del rey, la declaración se dirige al pueblo británico. Esta segunda parte del cuerpo del documento se refiere a la gente cuyo apoyo los colonos intentaron conseguir, sin éxito. El lenguaje que se utilizó compara a la gente con el rey, ya que ambos ignoraron a los colonos.

La conclusión es la quinta y última parte de la Declaración de Independencia. Los autores habían explicado todas las razones por las cuales las colonias pedían libertad. En la conclusión, declaran que las antiguas colonias ahora son "estados libres e independientes". Después, enumeran todos los poderes que tienen ahora los estados. Estos incluyen el poder de formar alianzas, establecer el comercio y declarar la guerra y la paz.

El Congreso aprobó la Declaración de Independencia el 4 de julio de 1776, en Filadelfia, Pensilvania. Hoy el 4 de julio es fiesta nacional: ¡celebramos el Día de la Independencia!

EL ANUNCIO DE LA INDEPENDENCIA

John Dunlap era el impresor oficial del Congreso. El 4 de julio, el comité llevó una copia de la Declaración de Independencia al taller de Dunlap, quien imprimió varias copias esa misma noche. No se sabe el número exacto de ejemplares que fueron impresos. A la mañana siguiente, los ***volantes*** *impresos por Dunlap se repartieron entre los miembros del Congreso para que los expusieran o los distribuyeran según estimaran conveniente. En 1989, se encontró un volante original de Dunlap escondido detrás de un cuadro. Aunque el cuadro lo compró alguien en un mercadillo por solo $4.00, ¡el volante valía millones!*

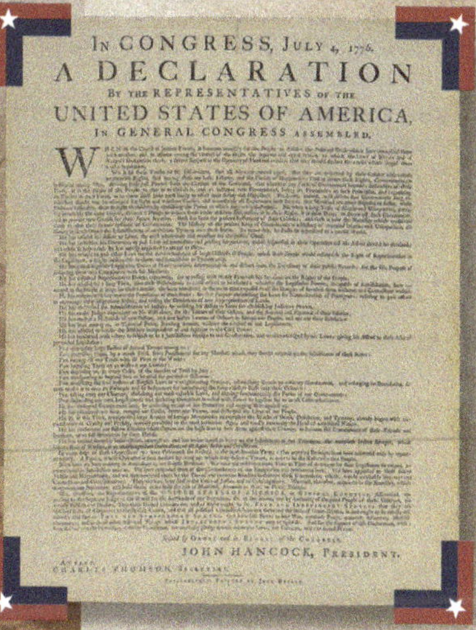

IN CONGRESS, JULY 4, 1776.

A DECLARATION

BY THE REPRESENTATIVES OF THE

UNITED STATES OF AMERICA,

IN GENERAL CONGRESS ASSEMBLED.

JOHN HANCOCK, PRESIDENT.

FIRMEN AQUÍ

Mucha gente piensa que todos los miembros del Congreso firmaron la Declaración de Independencia el 4 de julio de 1776. Sin embargo, eso no ocurrió hasta casi un mes más tarde. El estado de Nueva York no aprobó la Declaración de Independencia hasta el 9 de julio, y el Congreso mandó que el documento se pasara a limpio el 19 de julio. Este era el proceso que se seguía para preparar un documento oficial, y la copia final debía escribirse con letra grande y clara. Según los archivos, la Declaración de Independencia se firmó el 2 de agosto. Algunos delegados la firmaron incluso más tarde, y otros nunca llegaron a firmarla. El documento tiene 56 firmas.

Como presidente del Segundo Congreso Continental, John Hancock fue el primero en firmar. Su firma es la más grande y está en medio del documento. El resto de las firmas se organizaron según la ubicación de los estados que representaban, en orden geográfico desde New Hampshire hasta Georgia.

Esta copia de la Declaración de Independencia fue hecha con una plancha de cobre, creada por William J. Stone en 1823. El documento original está demasiado borroso para poderse leer, por lo que a menudo se utiliza esta versión.

OFICIALMENTE INDEPENDIENTE

La noticia de la Declaración de Independencia se extendió rápidamente una vez que fue aprobada. La gente tuvo conocimiento del documento por los periódicos y los volantes que se distribuyeron. George Washington, el líder del Ejército Continental en ese momento, leyó el documento en voz alta a sus tropas en la ciudad de Nueva York el 9 de julio de 1776.

A Europa también llegó la noticia de la independencia. En 1778, Estados Unidos formó una alianza con Francia. Se trataba del primer reconocimiento formal de la independencia de Estados Unidos a través de un tratado con otro país. Las tropas y los barcos de Francia, así como su apoyo militar, ayudaron a Estados Unidos a ganar su guerra de Independencia.

Desafortunadamente, el rey Jorge III se negó a reconocer la independencia de los estados. Las batallas de la guerra de Independencia continuaron hasta 1781, cuando las tropas británicas se rindieron en Yorktown, Virginia. El Tratado de París de 1783 puso fin oficialmente a la guerra.

Al firmar el Tratado de París, Gran Bretaña aceptó dos condiciones importantes. Primero, reconoció a Estados Unidos como nación independiente. Segundo, aceptó nuevas fronteras territoriales que darían a Estados Unidos la libertad de expandirse hacia el oeste.

UN LEGADO DURADERO

Aunque la Declaración de Independencia es uno de los documentos más importantes de Estados Unidos, las ideas que contiene no son completamente originales. Varios filósofos habían escrito acerca de algunos de los ideales políticos reflejados en este documento. La Declaración de Independencia no es un documento legal y no otorga derechos a nadie. Sin embargo, su legado ha perdurado a lo largo de la historia de nuestra nación.

Elizabeth Cady Stanton

La Convención de Seneca Falls de 1848 usó como modelo la Declaración de Independencia para redactar su Declaración de Sentimientos acerca de los derechos de la mujer. Abraham Lincoln se refirió a ella en su discurso de Gettysburg. Martin Luther King Jr. la mencionó en su famoso discurso "Yo tengo un sueño" en 1963. La Declaración de Independencia sigue siendo importante porque expresa los principios fundamentales de la democracia de Estados Unidos, los cuales son tan trascendentales para la gente de hoy como lo fueron en 1776.

Martin Luther King Jr.

Tanto Martin Luther King Jr. como Elizabeth Cady Stanton, una de las líderes de la Convención de Seneca Falls, se esforzaron por demostrar que las palabras de la Declaración de Independencia debían aplicarse a todos sus ciudadanos.

Diez datos curiosos acerca de la Declaración de Independencia

1	*La copia final de la Declaración de Independencia se escribió en tinta sobre pergamino, un tipo de piel de animal tratada.*
2	*El documento mide 29.75 pulgadas (75.57 cm) de alto y 24.25 pulgadas (61.6 cm) de ancho.*
3	*El Congreso hizo 86 cambios al borrador del documento de Jefferson.*
4	*Después de la lectura en voz alta que hizo George Washington de la Declaración de Independencia en Nueva York, la gente derribó una estatua del rey Jorge III. El metal de la estatua se utilizó para hacer proyectiles de mosquete.*
5	*En la parte de atrás del documento aparece el texto siguiente: "Declaración de Independencia original, fechada el 4 de julio de 1776".*
6	*En la copia original de la Declaración de Independencia se puede ver la huella misteriosa de una mano. Los historiadores aún no saben de quién es.*
7	*La tinta del documento se ha vuelto borrosa debido a las malas prácticas de conservación.*
8	*Hoy en día, la Declaración de Independencia está protegida por un cristal antibalas.*
9	*El Congreso estableció el 4 de julio como fiesta nacional en el año 1870.*
10	*La Declaración de Independencia se llevó a Fort Knox durante la Segunda Guerra Mundial para protegerla.*

GLOSARIO

aliado: una persona o país que se asocia con otro para alcanzar un objetivo común.

borrador: una versión no definitiva de un escrito.

confederación: una unión de personas o grupos que tienen intereses u objetivos comunes.

delegado: una persona a la que se envía a una reunión o convención para representar a otras personas.

folleto: texto impreso de pocas páginas.

Parlamento: órgano legislativo (que enacta las leyes) de Gran Bretaña.

petición: una solicitud que se hace por escrito a un líder o gobierno referente a un asunto en particular.

polémica: que sucita discusión o controversia.

preámbulo: introducción que se hace antes de entrar en la materia principal.

redactar: poner algo por escrito.

revisar: corregir o cambiar.

volante: hoja impresa que se distribuye en lugares públicos, a menudo de contenido político.

violar: no respetar los derechos de alguien.

ÍNDICE

SITIOS DE INTERNET

Debido a que los enlaces de Internet cambian a menudo, PowerKids Press ha creado una lista de los sitios Internet que tratan sobre el tema de este libro. Este sitio se actualiza con regularidad. Por favor, usa este enlace para ver la lista: www.powerkidslinks.com/amdoc/dec